Brigitte Pregenzer

Achte auf deine
Seele

Im Alltag kurz innehalten
mit **Hildegard von Bingen**

Mit Zeichnungen
von Sophia Pregenzer

Tyrolia-Verlag · Innsbruck–Wien

Die Seele

spielt bei Hildegard von Bingen eine ganz wesentliche Rolle für ein erfülltes und freudvolles Leben. Hildegard weist immer wieder auf die Eigenverantwortung des Menschen hin und wie wichtig es ist, gut für sich selbst zu sorgen und auf das Wohl seiner Seele zu achten.

Einen Teil dieser Verantwortung übernehmen wir, indem wir unser Leben so gestalten, dass die seelischen Bedürfnisse genügend Raum und Zeit finden. In unserem modernen Alltag sind wir oft allzu sehr damit beschäftigt, sämtlichen Anforderungen von außen gerecht zu werden, und bemerken meist zu spät, dass die Seele zu kurz kommt. Wir realisieren es erst, wenn wir körperlich oder seelisch erkranken, wenn wir traurig, missmutig und unzufrieden werden.

Wir verschieben unsere Bedürfnisse, Wünsche und Sehnsüchte zu oft auf „später". Wir glauben, dass wir diese nachholen können, wenn wir auf Urlaub sind, wenn die Kinder groß werden, wenn die Schulden abbezahlt sind oder wenn wir in den Ruhestand gehen. Das Leben lässt sich aber nicht auf später verschieben, sondern will jeden Augenblick und genau jetzt gelebt werden. Auch unsere Seele möchte jeden Tag wahrgenommen werden und wir können auf ihre Bedürfnisse achten, indem wir täglich für einige Momente innehalten und ruhig werden.

Mit Originalzitaten aus Werken der Hildegard von Bingen, mit dazu passenden Anregungen und mit den fröhlichen Zeichnungen meiner Tochter Sophia möchte ich Sie einladen, Ihrer Seele täglich etwas Raum zu geben und Zeit einzuräumen.

Brigitte Pregenzer

Die *Seele*
erblickt durch die Fenster
der Augen das Licht.

Sie kennt das *Herz*
und lässt viel davon in ihren
Werken sichtbar werden.

―――――――――――

Hildegard von Bingen

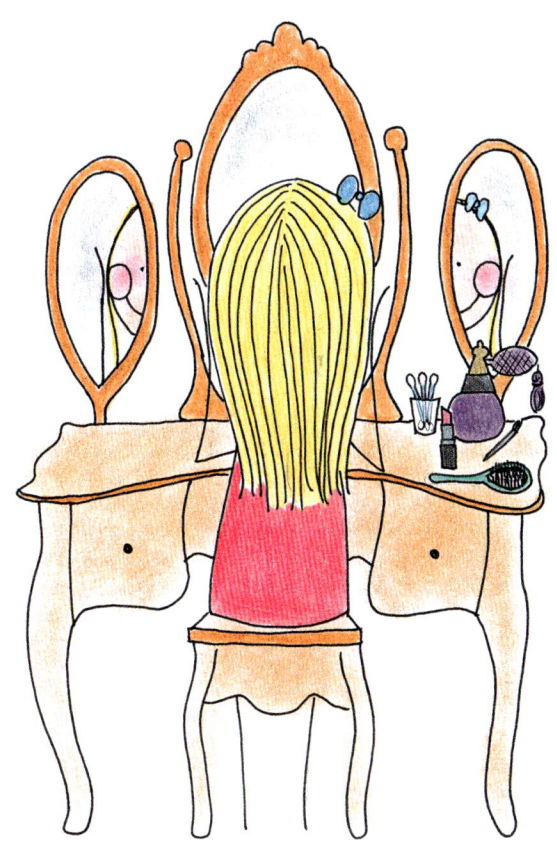

Ich betrachte mich heute ganz bewusst im
Spiegel und schau mir in die Augen.
Sie verraten mir alles über mein Seelenleben.
Ich nehme meine Bedürfnisse ernst und lasse sie
in mein Handeln einfließen.

Die *Sonne* sendet Stärke
und die richtige Wärme von
zuoberst bis zuunterst in den
ganzen Leib des Menschen.

Sie kräftigt vor allem das
Gehirn, damit es durch den
Verstand lebhaft wirkt und
alle *Kräfte* des Leibes
zusammenhält.

———————

Hildegard von Bingen

Ich genieße heute ganz bewusst die Sonnen-
strahlen und lasse mich von ihnen innerlich
und äußerlich wärmen.
Ich spüre die Kraft, die von der Sonne ausgeht,
meinen Körper erfüllt und ihn gesund erhält.

Gott setzte den *Regenbogen*
an das Firmament, um es
zu stärken und den Wassern
Einhalt zu gebieten.

Dieser Bogen flammt
wie *Feuer* und hat die
Farben der Gewässer.

Hildegard von Bingen

Ich betrachte den nächsten Regenbogen ganz
bewusst, beobachte beim nächsten Gewitter
das Ziehen der Wolken und das sich ergebende
Naturschauspiel.
Ich freue mich über die kleinen Wunder der
Natur und die Farben des Regenbogens.

Die vier *Elemente* halten die Welt
zusammen und daher auch den
menschlichen Körper.

Vom *Feuer* hat der Mensch die
Wärme, von der *Luft* den Atem,
vom *Wasser* das Blut
und von der *Erde* das Fleisch.

Und so hat er vom Feuer die
Sehkraft, von der Luft das *Gehör*,
vom Wasser die *Beweglichkeit*
und von der Erde seinen *Gang*.

Hildegard von Bingen

Ich kräftige mich heute mit den Elementen
Erde, Luft, Feuer und Wasser und stärke dadurch
meine Sinne.
Ich erde mich durch einen Spaziergang,
sehe dem Treiben der Blätter im Wind zu,
erfreue mich am Glanz einer Kerze und
lasse den Tag mit einem Vollbad ausklingen.

Die Kräuter bieten
einander den *Duft* ihrer Blüten,
ein Stein strahlt seinen
Glanz auf die anderen
und jedes Geschöpf hat
einen Urtrieb nach liebender
Umarmung.

Hildegard von Bingen

Ich besuche heute einen Menschen, den ich
gerne mag und schenke ihm einen Blumen-
strauß und eine Umarmung.
Ich lasse die Kraft und Faszination, die von
Steinen ausgeht, auf mich wirken.

Die *Augenbrauen*
sind ein Schutz für die Augen.
Sie offenbaren die *Schönheit*
des Antlitzes und sind wie die
Flügel der Winde, die sich
erheben und sie unterstützen.

Hildegard von Bingen

Ich betrachte heute mein Gesicht ganz bewusst
und liebevoll und achte dabei auf die kleinen
Eigenheiten.
Ich betrachte auch die Gesichtszüge meiner
Familie und meiner Freunde und freue mich
über die Vielfalt an Schönheit.

Die *Seele* steht
im Dienst der *Gedanken*
und die Gedanken
sind für die Seele
wie das Schreibtäfelchen,
auf das geschrieben wird.

Hildegard von Bingen

Ich achte heute ganz besonders auf meine
Gedanken, weil sie meine Stimmung beeinflussen
und mein Handeln steuern.
Ich versuche meine Gedanken in eine positive
und konstruktive Richtung zu lenken.

Wer sich erlaubter Dinge
zu sehr enthält, setzt sich der
Gefahr aus, anderer *Tugenden*
überdrüssig zu werden.

Denn durch zu viel
Enthaltsamkeit nimmt
die Begehrlichkeit zu und nicht ab.
Das ist weder Gott gemäß
noch *Gott* zuliebe.

Hildegard von Bingen

Ich stelle mir selbst Fragen: Was erlaube oder verwehre ich mir? Wo könnte ich großzügiger mit mir sein? Wo bin ich mir selbst im Weg? Dafür gönne ich mir eine Extrastunde Schlaf, einen Spaziergang, ein gutes Buch und erfülle mir selbst einen kleinen Wunsch. Anstatt streng mit mir zu sein, lasse ich die Dinge einfach geschehen.

Hartherzigkeit ist
deshalb so schlimm,
weil sie kein Erbarmen kennt,
nicht nach *Liebe* fragt
und nichts *Gutes* tut.

———————————

Hildegard von Bingen

Ich hinterfrage, wie ich meine Entscheidungen
treffe, wie ich sie ausführe und welche Rolle
mein Herz dabei spielt.
Ich versuche, mit mir liebevoll umzugehen
und den anderen Menschen wohlwollend zu
begegnen.

Wenn die *Seele* spürt,
was für sie und den Körper
nicht gut ist, bildet sich in der
Herzgegend ein Nebel
und hüllt das Herz in Dunkel.
So wird der Mensch traurig
und auf die Traurigkeit
folgt der Zorn.

Hildegard von Bingen

Ich spüre bewusst nach, was mich bedrängt, was mir Sorgen bereitet oder mich kränkt.
Ich gebe dem Gefühl der Traurigkeit Raum und Zeit und nehme mich und meine Kümmernisse ernst, damit kein Zorn entsteht.

Wenn der *Mensch*
seinem Körper zu viel
Drangsal zumutet,
bricht der *Körper*
oftmals ermüdet und
von Mühe und Überdruss
getroffen zusammen.

Hildegard von Bingen

Ich überlege mir, in welchen Bereichen ich zu
viel von mir fordere.
Wo bin ich zu streng mit mir selbst?
Ich versuche mir klar zu werden, welchen
Anspruch ich an mich, an meine Leistung und
an mein Äußeres habe.
Ich lächle mir innerlich zu und gebe mir heute
selber „frei".

Der *Leib* ist das Zelt
und die Stütze aller Seelenkräfte,
denn die *Seele* wohnt im Leib
und wirkt in ihm und er mit ihr –
Gutes oder auch Böses.

—————————

Hildegard von Bingen

Ich achte heute besonders auf die Bedürfnisse
meines Körpers und gebe ihnen nach, indem
ich auf genügend Bewegung und ausreichend
Schlaf achte.
Zudem entscheide ich mich, etwas Gutes zu tun,
und spüre dem Gefühl nach, das sich dadurch in
mir einstellt.

Wenn der *Mensch* durch Freude
oder durch Traurigkeit tief in
seinem *Herzen* bewegt wird,
werden auch die Äderchen seines
Gehirns, der Brust und seiner Lunge
miterschüttert und sie senden
Säfte nach oben zu den Äderchen
des Gehirns. Diese nehmen sie auf
und flößen sie den Augen ein.

Hildegard von Bingen

Ich überlege mir, wann ich das letzte Mal vor
Freude oder aus Kummer geweint habe.
Ich spüre auch nach, was mich derzeit besonders
bewegt und mir zu Herzen geht.
Ich lasse diese Gefühle und auch Tränen zu
und vertraue auf deren klärende und reinigende
Kraft.

Kein Mensch würde
seine *Zither* so schlagen,
dass ihre Saiten springen.
Sind die Saiten einmal gesprungen,
bleibt nichts mehr von ihrem Klang.

Wenn der Mensch seinen Leib
maßvoll pflegt, spielt man
für ihn im *Himmel* auf der Zither,
und solange sein Leib in Maßen
durch Nahrung erquickt wird,
singt man für ihn zur *Harfe*.

Hildegard von Bingen

Ich überdenke meine Lebensgewohnheiten und
mein Essverhalten und spüre nach, ob ich dabei
das für mich gesunde Maß einhalte.
Wie viel arbeite ich? Schlafe ich ausreichend?
Erquicke und labe ich mich durch das Essen oder
fülle ich nur den Bauch?

Die *Empfindsamkeit*
belebt das Antlitz des Menschen
und stattet ihn wunderbar aus
mit der *Fähigkeit* zum Sehen,
Hören, Schmecken, Riechen
und Tasten, sodass der Mensch
empfänglich und hellwach wird
für alle Dinge.

———————————

Hildegard von Bingen

Ich versuche heute mit allen Sinnen ganz wach
zu sein.
Ich beobachte ganz genau, ich höre aufmerksam
zu, ich achte auf den Duft und den Geschmack
der Speisen und ich berühre alltägliche Gegen-
stände ganz achtsam.

Nicht wer anfängt,
jedoch nachlässt, sondern
wer anfängt und zu Ende führt,
wird den *Lohn* der
Seligkeit erhalten.

_____

Hildegard von Bingen

Ich achte heute darauf, zu Ende zu bringen, was
ich mir vorgenommen hatte.
Ich überdenke Vorhaben und Wünsche, die mir
wichtig waren, noch einmal und setze sie um,
wenn sie noch immer wichtig sind.
Die unwichtigen Vorhaben lasse ich fallen.

Zu viele verschiedene
Gedanken versetzen den
Menschen in eine große Unruhe,
die das Gehör der *Seele*
durcheinander bringt. Dann
vermag der Mensch das *Gute*
weder zu verstehen noch zu
erkennen, sondern empfindet
Überdruss.

Hildegard von Bingen

Ich versuche heute, eines nach dem anderen zu
erledigen und mit meinen Gedanken ganz bei
der Sache zu sein.
Ich überlege in Ruhe, was im Moment wichtig ist,
und bringe es zu Ende.
Ich spüre nach, welches Gefühl sich dabei einstellt, und genieße die Leichtigkeit.

Gott hat *Mann* und *Frau*
und das, was stark und schwach
an ihnen war, miteinander
vereinigt, damit eins
das andere stütze.

Hildegard von Bingen

Ich werde mir meiner Stärken und Schwächen
bewusst und betrachte die Schwächen liebevoll
als meine Eigenheiten, an denen ich arbeiten
kann.
Genauso liebevoll betrachte ich die Eigenheiten
meines Partners, meiner Partnerin.

Die *Liebe* des Mannes
ist durch seine *Leidenschaft*
wie das Feuer von Vulkanen.

Die *Liebe* der Frau
ist wie eine milde *Wärme*,
die von der Sonne ausgeht
und Früchte hervorbringt.

———————————

Hildegard von Bingen

Ich spüre der Liebe in mir nach und belebe sie
bewusst mit schönen Erinnerungen.
Ich lasse auch die Liebe meines Partners, meiner
Partnerin zu mir fließen.
Ich genieße das milde, warme Gefühl der Liebe
und freue mich über die Leidenschaft.

Gott hat den *Menschen*
wie einen überaus schönen
Edelstein auf die Erde gesetzt,
in dessen Glanz sich die
gesamte *Schöpfung* betrachtet.

Hildegard von Bingen

Ich betrachte meine Mitmenschen heute mit meinem ganzen Wohlwollen. Ich sehe sie als einen Teil der Schöpfung, so wie ich selbst ein Teil davon bin.

Törichte Menschen
lieben den *Müßiggang*
und streben nicht nach dem
Guten, sondern leihen ihr Ohr
nur dem schlechten *Gerede*.

Hildegard von Bingen

Ich versuche ganz bewusst, Klatsch und Tratsch
zu meiden.
Ich erzähle negative Geschichten nicht weiter
und höre heute auch keine Nachrichten.

Der *Mensch* soll
geradlinig leben, damit er
weder vom *Erfolg* überheblich
noch vom Misserfolg
niedergedrückt wird.

Hildegard von Bingen

Ich spüre nach, was ich aus Freude und aus
meinem Innersten heraus mache und welchen
Erwartungen von außen ich gerecht werden
möchte.
Ich unterscheide, was davon wirklich meinem
Wunsch und meinem Wesen entspricht und was
ich besser lassen soll und kann.

Ein *Lehrer* sollte
zu jenen, die nur mit einem
kleinen Licht leuchten,
mit aller *Milde* sprechen.

Denn wenn er sie mit aller
Härte bedrängt, löscht er sie
gänzlich aus und macht sie noch
schlechter als zuvor.

Hildegard von Bingen

Ich überlege mir, wie ich mit Kindern und mit
Menschen, die mir unterstellt sind, umgehe.
Ich achte darauf, mit ihnen einen liebevollen
und verständnisvollen Umgang zu pflegen
und ihnen mit Milde zu begegnen.

Der *Mensch* ist in seiner
Jugend einem *Baum* ähnlich,
der zuerst unreife Feigen
und danach seine reifen
Früchte sprießen lässt.

_____

Hildegard von Bingen

Ich erkenne mich im Umgang mit Jugendlichen
selbst und bringe ihnen Geduld und Toleranz
entgegen.
Ich freue mich darüber, dass ich auf meinem
Lebensweg gereift bin und die Früchte meines
Lernens ernten darf.

Vom fünfzigsten Lebensjahr
an lässt der *Mann* von seinem
kindlichen, unausgeglichenen
Benehmen ab und bekommt
einen festen *Charakter*.

Die *Frau* legt um das
fünfzigste Lebensjahr ihr
mädchenhaftes Verhalten ab
und hat dann ein geordnetes
und ausgeglichenes *Wesen*.

—————————————

Hildegard von Bingen

Ich nehme mich in meiner jetzigen Lebensphase
ernst und nehme mein Wesen wahr.
Ich werde mir der Veränderungen bewusst, die
ich bereits hinter mir habe, und vertraue auf
meine weitere Entwicklung.

Im Greisenalter
des *Menschen*, wenn seine
körperlichen Kräfte nachlassen
und er gebrechlich wird,
zeigt die Seele ihre Kraft
in *Gelassenheit*.

Hildegard von Bingen

Ich betrachte ältere Menschen in meinem Umfeld
mit Wohlwollen und versuche mich heute selbst
in der Kunst der Gelassenheit.
Ich spüre die Kraft, die aus der Haltung der
Gelassenheit erwächst.

Seine Kindheit und sein Bubenalter,
seine Jugendzeit und sein reifes Alter
vermag der *Mensch* zu fassen.

Was aber im altersschwachen *Alter*
aus ihm wird oder wie er verwandelt
werden soll, kann er keineswegs
ganz erfassen. Und wie es ist, dass
die *Seele* nicht stirbt und dass sie
kein Ende hat, kann er ebenfalls nicht
wissen und nicht fassen.

Hildegard von Bingen

Ich werde mir meines Alters bewusst und freue mich an den unterschiedlichen Interessen und Empfindungen, die jedem Lebensabschnitt innewohnen.
Ich versuche, meinem Alter entsprechend meine Vorstellungen und Wünsche zu leben und pflege meine Interessen und Talente.

Die Lebensspanne ist
von *Gott* bemessen.
Wenn das leibliche und
geistige *Heil* des Menschen
erreicht ist, wird er die
gegenwärtige *Zeit* eintauschen
und zu jener übergehen,
die unbegrenzt ist.

Hildegard von Bingen

Ich lebe den heutigen Tag ganz bewusst und
achtsam und versuche weiter an mir zu arbeiten,
um meiner Aufgabe und meinem Wesen gerecht
zu werden.
Ich achte darauf, was mir wirklich wichtig und
wertvoll ist, und kläre Dinge, die noch ungereimt
sind.

Wen *Gott* plötzlich
aus diesem vergänglichen
Leben abberuft, dessen
Lebenssinn ist erfüllt.

Selbst wenn sein Leben
verlängert würde, hätte
der *Mensch* doch keine
Lebenskraft mehr.

_____

Hildegard von Bingen

Ich denke liebevoll an die Menschen, die aus
meinem Leben gegangen sind.
Ich erinnere mich an all das Schöne und Gute,
das sie hinterlassen haben, und vertraue darauf,
dass sie diese Welt zum richtigen Zeitpunkt ver-
lassen haben.

Der *Mensch* ist das Inbild
und die Fülle der *Schöpfung*
und in seinem innersten
Seelengrund verlangt er nach
einem Kusse seines Schöpfers.

Hildegard von Bingen

Ich betrachte meine Mitmenschen mit
Wohlwollen und begegne ihnen so, wie ich
möchte, dass sie mir gegenübertreten, denn
wir haben alle dieselben Sehnsüchte und
Bedürfnisse.

Quellennachweis:

Die Zitate stammen aus folgenden Büchern der Hildegard von Bingen:
- Der Mensch in der Verantwortung / Liber Vitae
  Meritorum (LVM), Herder Spektrum, Freiburg 1994
- Heilwissen / Causae et Curae (CC), Herder Spektrum, Freiburg 1994
- Wisse die Wege / Scivias (Sc), Herder Spektrum, Freiburg 1992
- Das Buch der göttlichen Werke / Liber Divinorum
  Operum (LDO), Hovine Verlag, Ronchin 1990

Seite 4 (CC, Seite 93), 6 (LDO 97), 8 (CC 76), 10 (CC 77), 12 (LVM 34),
14 (LDO 269), 16 (LDO 210), 18 (LDO 141), 20 (LVM 74), 22 (CC 182),
24 (LDO 195), 26 (Sc 75), 28 (LDO 182), 30 (LVM 89), 32 (Sc 75),
34 (Sc 189), 36 (LDO 145), 38 (Sc 272), 40 (CC 172), 42 (LVM 61),
44 (LVM 61), 46 (LDO 188), 48 (LVM 260), 50 (LDO 251), 52 (CC 174f.)
54 (Sc 72), 56 (LDO 441), 58 (Sc 52), 60 (Sc 53), 62 (LVM 239).

Mitglied der Verlagsgruppe „engagement"

Bibliografische Information Der Deutschen Nationalbibliothek
Die Deutsche Nationalbibliothek verzeichnet diese Publikation in der
Deutschen Nationalbibliografie; detaillierte bibliografische Daten sind
im Internet über http://dnb.d-nb.de abrufbar.

3. Auflage 2021
© 2015 Verlagsanstalt Tyrolia, Innsbruck
Layout und digitale Gestaltung: Tyrolia-Verlag, Innsbruck
Lithografie: artilitho, Trento
Druck und Bindung: FINIDR, Tschechien
ISBN 978-3-7022-3331-0
E-Mail: buchverlag@tyrolia.at
Internet: www.tyrolia-verlag.at